▶ 动画视频 ✛ 全彩图解

数据与网络安全法规

四会市骏越者科技服务有限公司　编

化学工业出版社

·北京·

内容简介

本书精心选取了最新版《中华人民共和国数据安全法》和《中华人民共和国网络安全法》中的相关常识和实用内容，主要以全彩图解的形式进行介绍，对数据安全与网络安全知识及相关法律法规条文进行了全面解读。书中对较复杂难懂的知识点配套了效果逼真的3D MP4动画演示视频讲解，可使读者在学习数据与网络安全相关法律条文过程中不再感到枯燥、难以记忆，轻松学习、理解和掌握。

本书适合计算机、互联网、大数据、法律相关行业从业者以及对网络安全、信息安全、数据安全等相关法律法规感兴趣的读者阅读，也可供相关院校和企事业单位组织日常教学、培训使用。

图书在版编目（CIP）数据

动画视频+全彩图解数据与网络安全法规/四会市骏越者科技服务有限公司编． —北京：化学工业出版社，2023.5

ISBN 978-7-122-42959-9

Ⅰ．①动…　Ⅱ．①四…　Ⅲ．①计算机网络-科学技术管理法规-中国-图解　Ⅳ．①D922.17-64

中国国家版本馆CIP数据核字（2023）第029781号

责任编辑：黄　滢　　　　　　　　　　装帧设计：王晓宇
责任校对：宋　玮

出版发行：化学工业出版社（北京市东城区青年湖南街13号　邮政编码100011）
印　　装：北京宝隆世纪印刷有限公司
710mm×1000mm　1/16　印张11　字数145千字
2024年5月北京第1版第1次印刷

购书咨询：010-64518888　　　　　　售后服务：010-64518899
网　　址：http://www.cip.com.cn
凡购买本书，如有缺损质量问题，本社销售中心负责调换。

定　　价：69.80元　　　　　　　　　　　　版权所有　违者必究

前言

PREFACE

随着国内计算机、互联网、大数据等技术的快速发展，信息安全、数据安全与网络安全也日益成为人们普遍关心的问题。

为帮助广大读者尽快熟悉和掌握数据安全和网络安全相关知识和法律法规基本常识，避免因自身缺少相关法律法规知识而造成不必要的人身安全和财产损失，以及减少由此带来的一些安全隐患和引发的一系列社会问题，在化学工业出版社的组织下，特编写了本书。

本书依据最新版《中华人民共和国数据安全法》和《中华人民共和国网络安全法》编写而成。书中精心选取了其中的常用与实用内容，以彩色图解的形式，对相关法律法规条文进行了全面解读。

全书内容分上下两篇。上篇在首先介绍了数据安全基本法律概念的基础上，依次阐述了数据产业发展、数据安全管理、数据处理活动、政务数据处理过程中涉及的相关法律法规问题和需要承担的法律责任；下篇在首先介绍了网络安全基本法律概念和网络安全法的背景基础上，依次阐述了网络产业发展、网络运行安全、网络信息安全、监测预警与应急处置的相关法律法规问题和需要承担的法律责任。

本书图片精美丰富，直观易懂；较复杂难懂的知识点配套MP4三维动画演示视频讲解，扫描书内相关章节的二维码即可观看。将图文内容和动画演示视频对照学习，有利于读者快速理解和掌握。

本书适合法律法规学习入门者使用，也可供相关院校和企事业单位组织日常教学、培训使用，对网络安全、信息安全、数据安全等相关法律法规感兴趣的读者也可参阅。

本书由四会市骏越者科技服务有限公司编写，由于水平所限，书中难免有疏漏和不妥之处，敬请广大读者批评指正。

编者

目 录

上篇
数据安全法律法规

第1章
数据安全基本法律概念 · 002

第2章
数据安全与数据产业发展　　018

第3章
数据安全管理　　027

下篇
网络安全法律法规

第8章
《中华人民共和国网络安全法》的背景　　　083

第9章

网络安全与网络产业发展　095

第10章

网络运行安全　104

第11章

网络信息安全　129

第12章
监测预警与应急处置　　141

第13章
违反《中华人民共和国网络安全法》需承担的法律责任　147

《动画视频＋全彩图解　数据与网络安全法规》
配套动画演示视频

序号	动画视频内容（扫描书内二维码观看）	页码
16	政务数据的公开	P060
17	数据交易中介服务机构未履行数据核实义务	P067
18	什么是网络	P073
19	什么是网络安全	P075
20	网络安全泄密隐患的类型	P079
21	网络数据	P082
22	保障网络安全	P084
23	健康文明的网络行为	P087

上篇
数据安全法律法规

第1章
数据安全基本法律概念

1.1 | 数据

　　数据是指任何以电子或者其他方式对信息的记录，如个人身份信息、个人浏览网页记录、消费记录等（图1-1-1）。

扫一扫

看动画视频

（a）个人身份信息

（b）个人浏览网页记录

（c）消费记录

（d）安装软件记录　　　（e）聊天记录

图 1-1-1　数据

1.2 | 数据处理

　　数据处理包括数据的收集、存储、使用、加工、传输、提供、公开等（图1-2-1）。

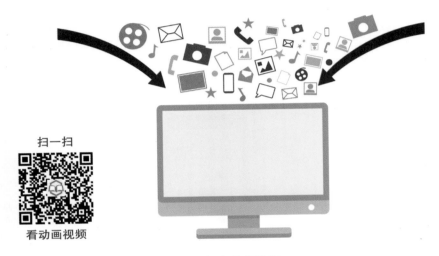

扫一扫

看动画视频

（a）收集数据

（b）存储数据

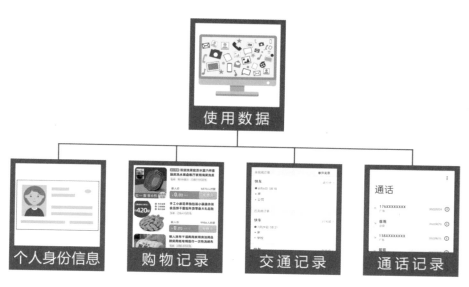

（c）使用数据

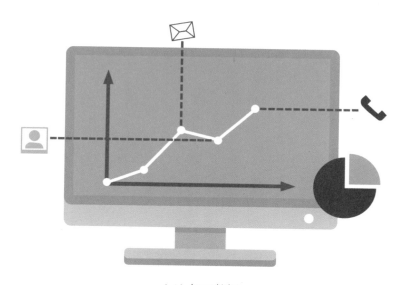

（d）加工数据

图 1-2-1

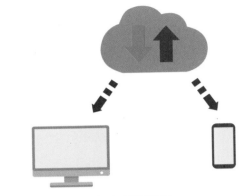

（e）传输数据

（f）提供数据

（g）公开数据

图 1-2-1　数据处理活动

开展数据处理活动，应当遵守法律、法规，尊重社会公德和伦理，遵守商业道德和职业道德，诚实守信，履行数据安全保护义务，承担社会责任（图1-2-2）。

（a）通过手机通信违规传发泄密文件

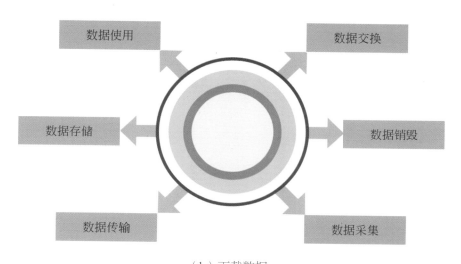

（b）下载数据

图 1-2-2　数据传输、下载

开展数据处理活动，不得危害国家安全、公共利益，不得损害个人、组织的合法权益（图1-2-3）。

（a）损害集体利益

（b）危害国家安全

图 1-2-3　损害公共利益

1.3 │ 数据安全

　　数据安全，是指通过采取必要措施，确保数据处于有效保护和合法利用的状态，以及具备保障持续安全状态的能力（图1-3-1）。

图 1-3-1　数据加密

扫一扫

看动画视频

　　国家保护个人、组织与数据有关的权益，鼓励依法、合理、有效利用数据（图1-3-2和图1-3-3）。

（a）上传视频

图 1-3-2

（b）网上购物

图 1-3-2　上传视频和网上购物

图 1-3-3　国家保护个人数据

保障数据依法有序自由流动，促进以数据为关键要素的数字经济发展（图1-3-4）。

图 1-3-4　数字经济的发展

1.4 │《中华人民共和国数据安全法》的适用范围

在中华人民共和国境内开展数据处理活动（图 1-4-1）及其安全监管，应该遵守《中华人民共和国数据安全法》（以下简称《数据安全法》）。

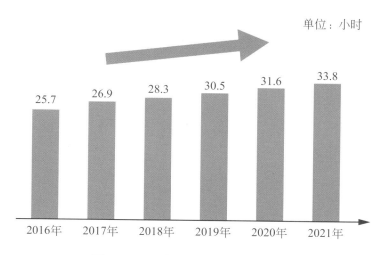

图 1-4-1　国内网民平均每周上网时长

在中华人民共和国境外开展数据处理活动，损害中华人民共和国国家安全、公共利益或者公民、组织合法权益的，依法追究法律责任（图1-4-2和图1-4-3）。

扫一扫

看动画视频

图 1-4-2　个人数据泄露

图 1-4-3　拦截境外黑客

1.5 | 数据安全监管分工

　　各地区、各部门对本地区、本部门工作中收集和产生的数据及数据安全负责。

　　工业、电信、交通、金融、自然资源、卫生健康、教育、科技等主管部门承担本行业、本领域数据安全监管职责。

　　公安机关、国家安全机关等依照《数据安全法》和有关法律、行政法规的规定，在各自职责范围内承担数据安全监管职责。

　　国家网信部门依照《数据安全法》和有关法律、行政法规的规定，负责统筹协调网络数据安全和相关监管工作（图1-5-1）。

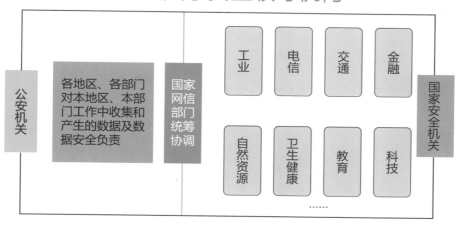

图 1-5-1　数据安全监管分工

　　相关行业组织按照章程，依法制定数据安全行为规范和团体标准，加强行业自律，指导会员加强数据安全保护，提高数据安全保护水平，促进行业健康发展（图1-5-2）。

图 1-5-2　金融行业信息保护

1.6 数据安全知识宣传

国家支持开展数据安全知识宣传普及，提高全社会的数据安全保护意识和水平（图1-6-1）。

图 1-6-1　数据安全知识宣传

推动有关部门、行业组织、科研机构、企业、个人等共同参与数据安全保护工作，形成全社会共同维护数据安全和促进发展的良好环境（图1-6-2和图1-6-3）。

图 1-6-2　企业对数据安全保护进行培训

扫一扫

看动画视频

图 1-6-3　个人学习数据安全保护知识

1.7 | 交流与合作

国家积极开展数据安全治理、数据开发利用等领域的国际交流与合作，参与数据安全相关国际规则和标准的制定，促进数据跨境安全、自由流动。

1.8 | 群众监督

任何个人、组织都有权对违反本法规定的行为向有关主管部门投诉、举报。收到投诉、举报的主管部门应当及时依法处理（图1-8-1）。

图 1-8-1　群众举报

　　有关主管部门应当对投诉、举报人的相关信息予以保密，保护投诉、举报人的合法权益（图1-8-2）。

图 1-8-2　保护举报人

扫一扫

看动画视频

第2章
数据安全与数据产业发展

　　国家统筹数据产业发展和数据安全，坚持以数据开发利用和产业发展促进数据安全，以数据安全保障数据开发利用和产业发展（图2-1-1）。

（a）数据开发利用

（b）数据产业发展

图 2-1-1　数据开发利用与数据产业发展

2.2 ｜ 大数据战略

国家实施大数据战略，推进数据基础设施建设，鼓励和支持数据在各行业、各领域的创新应用（图2-2-1）。

图 2-2-1　数据创新应用

省级以上人民政府应当将数字经济发展纳入本级国民经济和社会发展规划，并根据需要制定数字经济发展规划（图2-2-2）。

图 2-2-2　发展数字经济

2.3 | 提升公共服务的智能化水平

国家支持开发利用数据提升公共服务的智能化水平（图2-3-1）。

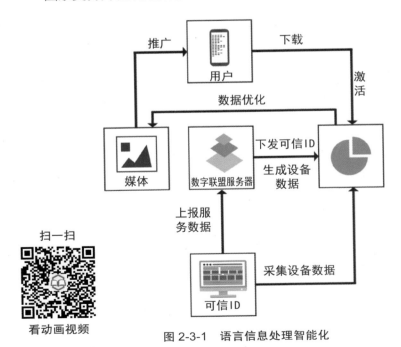

扫一扫

看动画视频

图 2-3-1　语言信息处理智能化

提供智能化公共服务，应当充分考虑老年人、残障人士的需求，避免对老年人、残障人士的日常生活造成障碍（图2-3-2）。

（a）为老年人提供指导服务

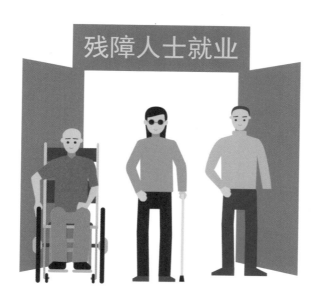

（b）促进残障人士就业

图 2-3-2　提供智能化公共服务

2.4 | 数据开发利用和数据安全技术研究

　　国家支持数据开发利用和数据安全技术研究，鼓励数据开发利用和数据安全等领域的技术推广和商业创新，培育、发展数据开发利用和数据安全产品、产业体系（图2-4-1）。

（a）数据安全技术研究

扫一扫

看动画视频

（b）通过数据开发利用进行商业创新

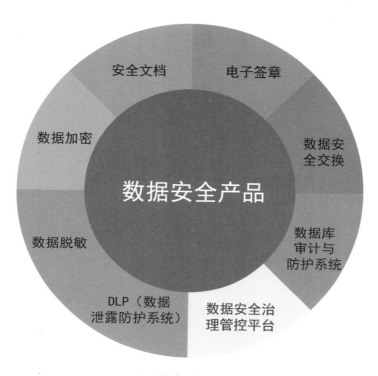

（c）数据安全产品

图 2-4-1 数据开发利用和数据安全产品

2.5 | 数据开发利用技术和数据安全标准体系建设

国家推进数据开发利用技术和数据安全标准体系建设。国务院标准化行政主管部门和国务院有关部门根据各自的职责，组织制定并适时修订有关数据开发利用技术、产品和数据安全相关标准。

国家支持企业、社会团体和教育、科研机构等参与标准制定（图 2-5-1）。

图 2-5-1 企业、社会团体和教育、科研机构参与标准制定

2.6 | 数据安全检测评估

国家促进数据安全检测评估、认证等服务的发展，支持数据安全检测评估、认证等专业机构依法开展服务活动（图 2-6-1）。

国家信息安全测评
信息技术产品安全测评证书

证书号：×××××××××

××××有限公司

批准人：×××   ××测评中心

扫一扫

看动画视频

图 2-6-1 数据安全检测评估、认证

国家支持有关部门、行业组织、企业、教育和科研机构、有关专业机构等在数据安全风险评估、防范、处置等方面开展协作（图2-6-2）。

图 2-6-2　共同协作

2.7 │ 建立健全数据交易管理制度

国家建立健全数据交易管理制度，规范数据交易行为，培育数据交易市场（图2-7-1）。

图 2-7-1　数据交易

2.8 │ 培养专业人才

　　国家支持教育、科研机构和企业等开展与数据开发利用技术及数据安全相关的教育和培训，采取多种方式培养数据开发利用技术和数据安全专业人才，促进人才交流（图2-8-1）。

（a）大学开设数据开发利用技术课程

（b）科研机构和企业开展与数据安全相关的教育和培训

图2-8-1　培养专业人才

第3章
数据安全管理

3.1 | 数据安全分级

　　国家建立数据分类分级保护制度，根据数据在经济社会发展中的重要程度，以及一旦遭到篡改、破坏、泄露或者非法获取、非法利用，对国家安全、公共利益或者个人、组织合法权益造成的危害程度，对数据实行分类和分级保护（图3-1-1）。

（a）非法获取公民个人信息

图 3-1-1

扫一扫

看动画视频

（b）非法利用公民信息办银行卡

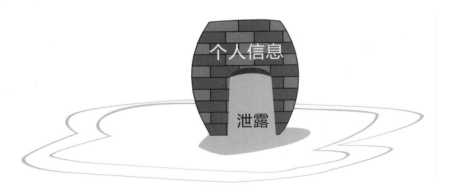

（c）个人认证信息泄露

图 3-1-1　数据安全的重要性

　　国家数据安全工作协调机构统筹协调有关部门制定重要数据目录，加强对重要数据的保护（表3-1-1和图3-1-2）。

表 3-1-1　数据保密级别划分（企业）

类别	定义	示例
机密	公司最重要和敏感的商业秘密信息，只限于特定极少数相关人员获取，访问权限受到严格限制	公司重大战略决策
	非授权的公开、泄露将直接对公司、客户或者员工造成严重不利影响（例如：造成重大经济损失、严重破坏公司声誉、造成监管问责，以及发生重大法律责任等）的数据	用户身份证号、银行卡号
	一旦泄露、非法提供或滥用可能危害人身和财产安全、损害个人名誉和身心健康、导致歧视性待遇等的个人信息	公司核心算法代码
秘密	对公司有重要价值的商业秘密信息，只限于与该信息有关的部分人员获取，访问需确认确实有业务需要，并经过相应的审批流程	人力资源数据、财务数据
	非授权的公开、泄露将直接对公司、客户或者员工造成不利影响（例如：造成经济损失、破坏公司声誉、可能发生法律责任等）的数据	商务合作合同信息
	能够单独识别自然人身份或者反映特定自然人活动情况的个人信息	产品策划信息
内部	可在公司内部进行发放和传播的信息，需要控制信息的公开和披露	产品运营指标
	非授权的公开、泄露将直接对公司、客户或者员工造成较小不利影响的数据，以及单独无法识别自然人身份或者反映特定自然人活动情况，但可与附加信息结合能够识别自然人身份或者反映特定自然人活动情况的信息，或者与个人直接识别信息结合使用的信息	内部发布的制度、规范、通知
公开	允许被公共访问和对外发布的信息，并且公开信息可以自由散布而不会产生任何安全和法律问题	公司新闻、网站信息，以及经审批后可对外发布的信息

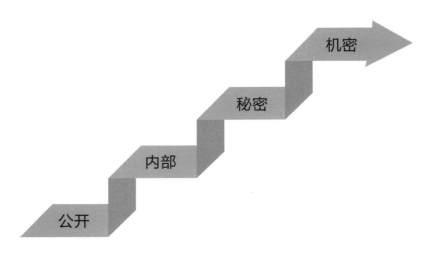

图 3-1-2　数据保密分级

　　关系国家安全、国民经济命脉、重要民生、重大公共利益等数据属于国家核心数据，实行更加严格的管理制度（图 3-1-3 ）。

（a）严格管理国家机密数据

（b）保障国民经济安全发展

（c）民生政策相关数据管理

图 3-1-3

（d）防止泄露重大公共利益数据

图 3-1-3　实行更加严格的管理制度

　　各地区、各部门应当按照数据分类分级保护制度，确定本地区、本部门以及相关行业、领域的重要数据具体目录，对列入目录的数据进行重点保护（图 3-1-4）。

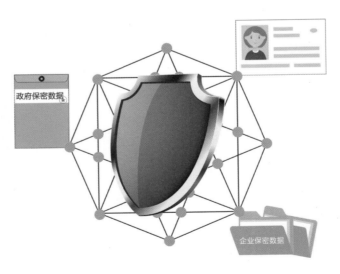

图 3-1-4　保护数据

3.2 │ 建立数据安全风险预警机制

国家建立集中统一、高效权威的数据安全风险评估、数据安全风险报告、信息共享、监测预警机制（图3-2-1）。

（a）数据安全风险评估

扫一扫

看动画视频

A市A局

××××年信息安全风险评估报告

A市A局

××××年×月×日

（b）数据安全风险报告

图 3-2-1

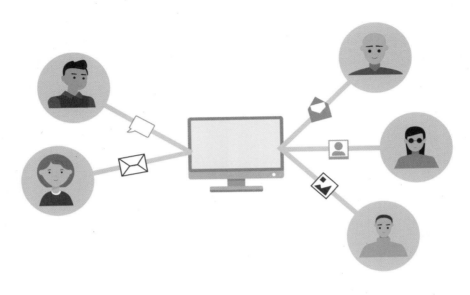

（c）信息共享

图 3-2-1 数据安全与信息共享

国家数据安全工作协调机构统筹协调有关部门加强数据安全风险信息的获取、分析、研判、预警工作（图3-2-2）。

（a）获取数据安全风险信息

（b）分析数据安全风险信息

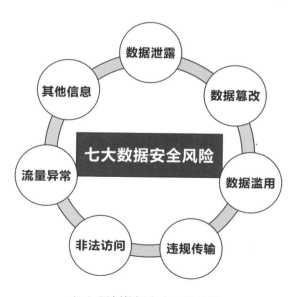

（c）研判数据安全风险信息

图 3-2-2

（d）预警工作

图 3-2-2　统筹协调有关部门

3.3 │ 建立数据安全应急处置机制

国家建立数据安全应急处置机制。发生数据安全事件，有关主管部门应当依法启动应急预案，采取相应的应急处置措施，防止危害扩大，消除安全隐患，并及时向社会发布与公众有关的警示信息（图3-3-1和图3-3-2）。

扫一扫

看动画视频

图 3-3-1　采取相应的应急处置措施

图 3-3-2　向社会发布与公众有关的警示信息

3.4 | 建立数据安全审查制度

国家建立数据安全审查制度，对影响或者可能影响国家安全的数据处理活动进行安全审查（图 3-4-1）。

图 3-4-1　数据安全审查制度

依法做出的安全审查决定为最终决定（图3-4-2）。

图 3-4-2　安全审查把关

3.5 │ 数据安全出口管制

国家对与维护国家安全和利益、履行国际义务相关的属于管制物项的数据依法实施出口管制（图3-5-1）。

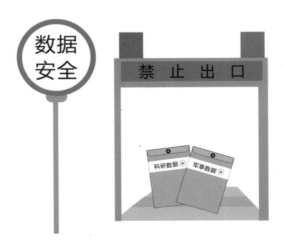

图 3-5-1　数据安全出口管制

3.6 | 数据投资贸易反制措施

任何国家或者地区不得在与数据和数据开发利用技术等有关的投资、贸易等方面，对中华人民共和国采取歧视性的禁止、限制或者其他类似措施（图3-6-1）。

图 3-6-1 歧视性的禁止、限制

中华人民共和国可以根据实际情况对某些国家或者地区对等采取措施（图3-6-2和图3-6-3）。

图 3-6-2 反制措施

图 3-6-3　合作共赢

第4章
数据处理活动

4.1 数据安全保护义务

开展数据处理活动应当依照法律、法规的规定。

建立健全全流程数据安全管理制度，组织开展数据安全教育培训，采取相应的技术措施和其他必要措施，保障数据安全（图4-1-1）。

图 4-1-1 数据安全管理制度

利用互联网等信息网络开展数据处理活动，应当在网络安全等级保护制度的基础上，履行上述数据安全保护义务（图4-1-2）。

图 4-1-2　在网络安全等级保护下开展数据处理活动

重要数据的处理者应当明确数据安全负责人和管理机构，落实数据安全保护责任（图4-1-3）。

扫一扫

看动画视频

图 4-1-3　数据安全负责人

4.2 │ 开发数据新技术

开展数据处理活动以及研究开发数据新技术，应当有利于促进经济社会发展，增进人民福祉，符合社会公德和伦理（图4-2-1）。

（a）开发数据新技术

（b）促进经济社会发展

图 4-2-1　开发数据新技术以促进经济社会发展

4.3 | 加强风险监测

　　开展数据处理活动应当加强风险监测，发现数据安全缺陷、漏洞等风险时，应当立即采取补救措施（图4-3-1）。

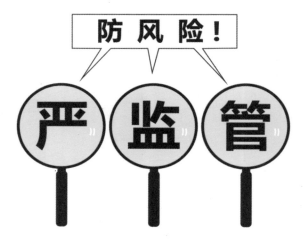

（a）加强风险监测

（b）数据安全缺陷、漏洞

图 4-3-1　加强风险监测

发生数据安全事件时，应当立即采取处置措施，按照规定及时告知用户并向有关主管部门报告（图4-3-2）。

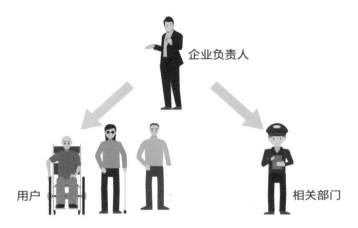

企业负责人

用户

相关部门

图 4-3-2　向有关主管部门报告

4.4 │ 风险评估报告

重要数据的处理者应当按照规定对其数据处理活动定期开展风险评估，并向有关主管部门报送风险评估报告（图4-4-1）。

图 4-4-1　定期开展风险评估

风险评估报告应当包括处理的重要数据的种类、数量，开展数据处理活动的情况，面临的数据安全风险及其应对措施等（图4-4-2）。

（a）重要数据的种类

（b）讨论应对措施

图 4-4-2　风险评估报告的内容

4.5 | 重要数据的出境安全管理

关键信息基础设施的运营者在中华人民共和国境内运营中收集和产生的重要数据的出境安全管理，适用《中华人民共和国网络安全法》（以下简称《网络安全法》）的规定（图4-5-1）。

图 4-5-1　关键信息基础设施运营者的重要数据

其他数据处理者在中华人民共和国境内运营中收集和产生的重要数据的出境安全管理办法，由国家网信部门会同国务院有关部门制定（图4-5-2）。

扫一扫

看动画视频

图 4-5-2　重要数据的出境安全管理

4.6 | 合法获取数据

任何组织、个人收集数据，应当采取合法、正当的方式，不得窃取或者以其他非法方式获取数据（图4-6-1）。

（a）个人收集数据

（b）组织单位收集数据

图 4-6-1　网民合法合规下载、上传数据

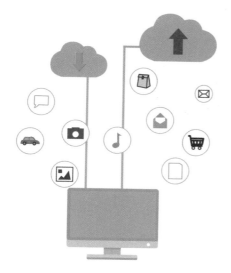

法律、行政法规对收集、使用数据的目的、范围有规定的，应当在法律、行政法规规定的目的和范围内收集、使用数据（图4-6-2）。

扫一扫

看动画视频

图 4-6-2　在允许的范围内收集、使用数据

4.7 | 数据交易中介服务机构

从事数据交易中介服务的机构提供服务，应当要求数据提供方说明数据来源，审核交易双方的身份，并留存审核、交易记录（图4-7-1）。

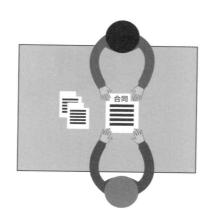

（a）数据交易中介服务机构签定合同

图 4-7-1

（b）留存审核、交易记录

图 4-7-1　数据交易中介服务机构

4.8 ｜ 提供数据处理相关服务需获得行政许可

　　法律、行政法规规定提供数据处理相关服务应当取得行政许可的，服务提供者应当依法取得行政许可（图4-8-1）。

图 4-8-1　获得行政许可

4.9 │ 配合执行机关的义务

公安机关、国家安全机关因依法维护国家安全或者侦查犯罪需要调取数据的，应当按照国家有关规定，经过严格的批准手续，依法进行，有关组织、个人应当予以配合（图4-9-1）。

图 4-9-1　个人有义务配合调查取证

4.10 │ 国际协作

中华人民共和国主管机关根据有关法律和中华人民共和国缔结或者参加的国际条约、协定，或者按照平等互惠原则，处理外国司法或者执法机构关于提供数据的请求。

非经中华人民共和国主管机关批准，境内的组织、个人不得向外国司法或者执法机构提供存储于中华人民共和国境内的数据（图4-10-1）。

图 4-10-1　不得向境外提供数据

第5章
政务数据

5.1 | 国家大力推进电子政务建设

　　国家大力推进电子政务建设，提高政务数据的科学性、准确性、时效性，提升运用数据服务经济社会发展的能力（图5-1-1）。

图 5-1-1　国家大力推进电子政务建设

5.2 | 国家机关对个人数据保密

国家机关为履行法定职责的需要收集、使用数据，应当在其履行法定职责的范围内依照法律、行政法规规定的条件和程序进行（图5-2-1）。

图 5-2-1　国家机关依法使用数据

对在履行职责中知悉的个人隐私、个人信息、商业秘密、保密商务信息等数据，应当依法予以保密，不得泄露或者非法向他人提供（图5-2-2）。

图 5-2-2　国家机关对个人数据保密

5.3 | 保障政务数据安全

国家机关应当依照法律、行政法规的规定，建立健全数据安全管理制度，落实数据安全保护责任，保障政务数据安全（图5-3-1）。

图 5-3-1 保障政务数据安全

5.4 | 国家机关委托的企业有数据安全保护义务

国家机关委托他人建设、维护电子政务系统，存储、加工政务数据，应当经过严格的批准程序，并应当监督受托方履行相应的数据安全保护义务（图5-4-1）。

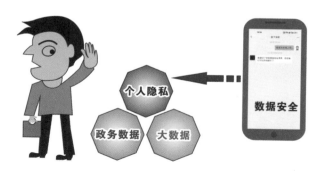

图 5-4-1 企业有数据安全保护义务

受托方应当依照法律、法规的规定和合同约定履行数据安全保护义务，不得擅自留存、使用、泄露或者向他人提供政务数据（图5-4-2）。

图 5-4-2 国家机关委托的企业对数据安全负责

5.5 政务数据的公开

国家机关应当遵循公正、公平、便民的原则，按照规定及时、准确地公开政务数据（图5-5-1），依法不予公开的除外。

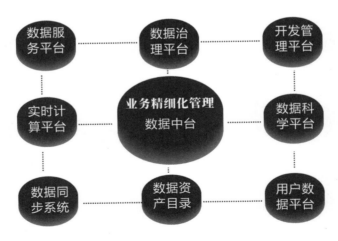

图 5-5-1 公开的政务数据

5.5.1 按数据类型分类

❶ 政府有权利采集的数据，如资源类、税收类、财政类等（图5-5-2）。

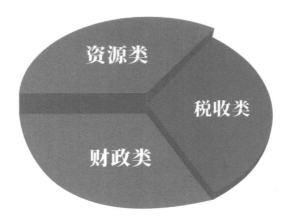

图 5-5-2 资源类、税收类、财政类数据

❷ 政府有可能汇总或获取的数据，如生产建设、农业总产值、工业总产值等。

❸ 由政府发起产生的数据，如城市基建、交通基建、医院、教育师资等（图5-5-3）。

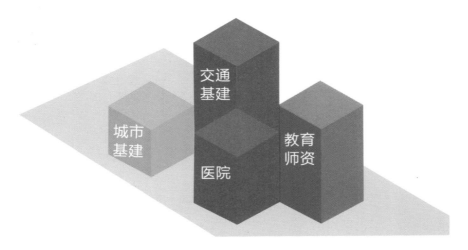

图 5-5-3 由政府发起产生的数据

❹ 政府监管职责所拥有的数据，如人口普查、金融监管、食品管理、药品管理等（图5-5-4）。

图 5-5-4　政府监管职责所拥有的数据

❺ 由政府提供服务所产生的消费和档案数据，如社保数据、水电数据、公安数据等（图5-5-5）。

图 5-5-5　由政府提供服务所产生的消费和档案数据

5.5.2　按数据属性分类

❶ 自然信息类：地理、资源、气象、环境、水利等（图5-5-6）。

图 5-5-6　自然信息类

❷ 城市建设类：交通设施、旅游景点、住宅建设等（图5-5-7）。

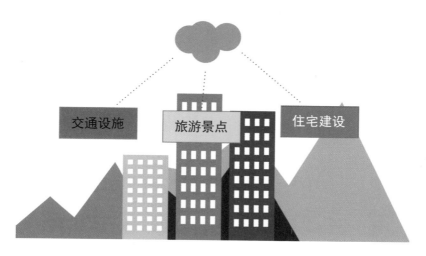

图 5-5-7　城市建设类

❸ 城市管理统计监察类：工商、税收（图5-5-8）、人口、机构、企业、商品等。

图 5-5-8　税收

❹ 服务与民生消费类：水、电、燃气、通信、医疗、出行等（图5-5-9）。

扫一扫

看动画视频

图 5-5-9　服务与民生消费类

5.6 | 国家制定政务数据开放目录

国家制定政务数据开放目录，构建统一规范、互联互通、安全可控的政务数据开放平台，推动政务数据开放利用（图5-6-1）。

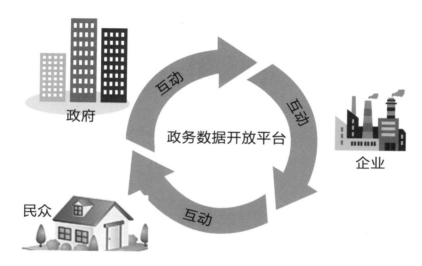

图 5-6-1 政务数据开放平台

第6章
违反《中华人民共和国数据安全法》需承担的法律责任

6.1 | 存在较大安全风险的数据处理活动

　　有关主管部门在履行数据安全监管职责中，发现数据处理活动存在较大安全风险的，可以按照规定的权限和程序对有关组织、个人进行约谈，并要求有关组织、个人采取措施进行整改，消除隐患（图6-1-1和图6-1-2）。

图 6-1-1　某公司做的网站有收集用户信息行为

图 6-1-2　网信部门约谈某公司负责人

6.2 │ 不履行数据安全保护义务

开展数据处理活动的组织、个人不履行本书中4.1、4.3、4.4节规定的数据安全保护义务的，由有关主管部门责令改正，给予警告，可以并处五万元以上五十万元以下罚款，对直接负责的主管人员和其他直接责任人员可以处一万元以上十万元以下罚款（图6-2-1）。

图 6-2-1　有关主管部门责令改正并给予警告

拒不改正或者造成大量数据泄露等严重后果的，处五十万元以上二百万元以下罚款，并可以责令暂停相关业务、停业整顿、吊销相关业务许可证或者吊销营业执照，对直接负责的主管人员和其他直接责任人员处五万元以上二十万元以下罚款（图6-2-2）。

图 6-2-2　大量数据泄露

违反国家核心数据管理制度，危害国家主权、安全和发展利益的，由有关主管部门处二百万元以上一千万元以下罚款，并根据情况责令暂停相关业务、停业整顿、吊销相关业务许可证或者吊销营业执照；构成犯罪的，依法追究刑事责任（图6-2-3和图6-2-4）。

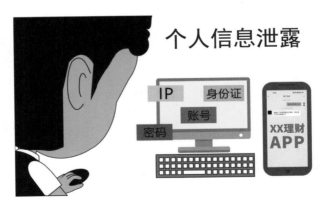

图 6-2-3　泄露国家核心数据

图 6-2-4　停业整顿

6.3 | 向境外提供重要数据

违反本书4.5节的规定，向境外提供重要数据的，由有关主管部门责令改正，给予警告，可以并处十万元以上一百万元以下罚款，对直接负责的主管人员和其他直接责任人员可以处一万元以上十万元以下罚款（图6-3-1）。

图 6-3-1　向境外提供重要数据（一般情节）

情节严重的，处一百万元以上一千万元以下罚款，并可以责令暂停相关业务、停业整顿、吊销相关业务许可证或者吊销营业执照，对直接负责的主管人员和其他直接责任人员处十万元以上一百万元以下罚款（图6-3-2）。

图 6-3-2　向境外提供重要数据（情节严重）

6.4 | 数据交易中介服务机构未履行数据核实义务

从事数据交易中介服务的机构未履行本书4.7节规定的义务的，由有关主管部门责令改正，没收违法所得，处违法所得一倍以上十倍以下罚款，没有违法所得或者违法所得不足十万元的，处十万元以上一百万元以下罚款，并可以责令暂停相关业务、停业整顿、吊销相关业务许可证或者吊销营业执照；对直接负责的主管人员和其他直接责任人员处一万元以上十万元以下罚款（图6-4-1）。

（a）未核实身份信息

（b）未核实个人信息

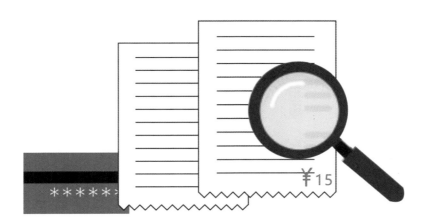

（c）未留存审核、交易记录

图 6-4-1　未履行数据核实义务

6.5 | 拒不配合数据调取

违反本书4.9节的规定，拒不配合数据调取的，由有关主管部门责令改正，给予警告，并处五万元以上五十万元以下罚款，对直接负责的主管人员和其他直接责任人员处一万元以上十万元以下罚款（图6-5-1）。

图 6-5-1　企业拒不配合数据调取

违反本书4.10节的规定，未经主管机关批准向外国司法或者执法机构提供数据的，由有关主管部门给予警告，可以并处十万元以上一百万元以下罚款，对直接负责的主管人员和其他直接责任人员可以处一万元以上十万元以下罚款；造成严重后果的，处一百万元以上五百万元以下罚款，并可以责令暂停相关业务、停业整顿、吊销相关业务许可证或者吊销营业执照，对直接负责的主管人员和其他直接责任人员处五万元以上五十万元以下罚款（图6-5-2）。

图 6-5-2　责令暂停相关业务

6.6 国家机关不履行《中华人民共和国数据安全法》规定的数据安全保护义务

国家机关不履行《中华人民共和国数据安全法》规定的数据安全保护义务的，对直接负责的主管人员和其他直接责任人员依法给予处分（图6-6-1）。

图 6-6-1　对直接负责的主管人员依法给予处分

6.7 | 玩忽职守、滥用职权、徇私舞弊

履行数据安全监管职责的国家工作人员玩忽职守、滥用职权、徇私舞弊的，依法给予处分（图6-7-1）。

玩忽职守 监管不力

图 6-7-1 国家工作人员玩忽职守

6.8 | 窃取或者以其他非法方式获取数据

窃取或者以其他非法方式获取数据，开展数据处理活动排除、限制竞争（图6-8-1），或者损害个人、组织合法权益的，依照有关法律、行政法规的规定处罚。

图 6-8-1 限制竞争

6.9 　违反《中华人民共和国数据安全法》规定造成其他伤害的

违反《中华人民共和国数据安全法》规定，给他人造成损害的，依法承担民事责任（图6-9-1）。

图 6-9-1　网络暴力给他人造成损害

违反《中华人民共和国数据安全法》规定，构成违反治安管理行为的，依法给予治安管理处罚；构成犯罪的，依法追究刑事责任（图6-9-2）。

图 6-9-2　违反治安管理行为

下篇
网络安全法律法规

第7章
网络安全基本法律概念

7.1 | 网络

　　网络，是指由计算机或者其他信息终端及相关设备组成的，按照一定的规则和程序对信息进行收集、存储、传输、交换、处理的系统（图7-1-1）。

扫一扫

看动画视频

图 7-1-1　网络

网络是由节点和连线构成的，表示诸多对象及其相互联系（图7-1-2）。

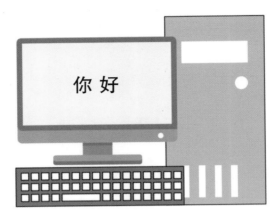

（a）一个人上网

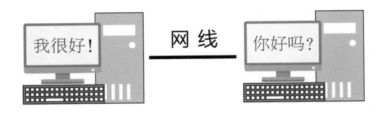

（b）两个人上网

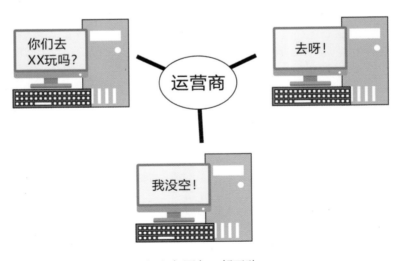

（c）与网友一起互动

图 7-1-2　连接的网络

7.2 | 网络安全

　　网络安全，是指通过采取必要措施，防范对网络的攻击、侵入、干扰、破坏和非法使用以及意外事故，使网络处于稳定可靠运行的状态，以及保障网络数据的完整性、保密性、可用性的能力（图7-2-1）。

（a）防范对网络的攻击、侵入

扫一扫

看动画视频

（b）网页受到破坏

图 7-2-1　网络安全

7.3 《中华人民共和国网络安全法》适用范围

在中华人民共和国境内建设、运营、维护和使用网络，以及网络安全的监督管理，适用本法（图7-3-1）。

（a）网民上网

（b）建设网站

（c）网站维护

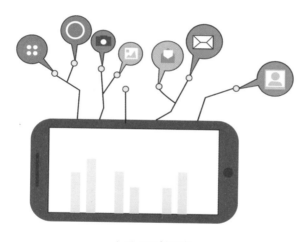

（d）网站运营

图 7-3-1　网络安全法适用范围

7.4 │ 网络分类

（1）家庭网络

家庭网络的特点是：人少、终端类型丰富（台式机、笔记本、手机、

PAD、网络电视）、面积小、隔断多等（图 7-4-1）。

图 7-4-1　家庭网络

（2）企业网络

企业网络的特点是：人多、终端类型丰富，以有线网络为主，无线网络为辅；为公网用户提供服务（图 7-4-2）。

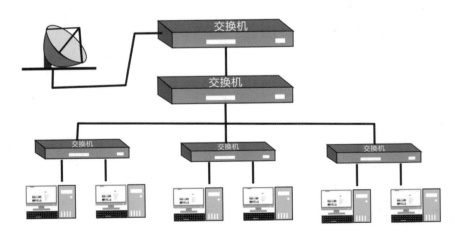

图 7-4-2　企业网络

7.5 │ 网络安全泄密隐患的类型

7.5.1 物理安全泄密隐患

处理涉密信息所产生的电磁声、光等主动或被动发射信息（号），拷贝、复印、打印等信息流转后形成的涉密设备和涉密载体，如果没有得到妥善防护或处理，其中的涉密信息有可能被境外间谍情报机关通过专用工具进行还原（图 7-5-1）。

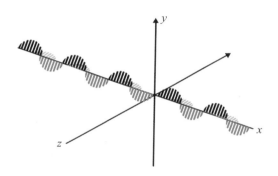

（a）电磁波

（b）妥善防护或处理打印出来的文件

图 7-5-1 物理安全泄密隐患

扫一扫

看动画视频

7.5.2 软硬件设备泄密隐患

涉密计算机网络若存在被境外间谍情报机关掌握的"后门"或系统缺陷，则容易遭到窃密攻击。而信息系统集成开发单位的软硬件开发流程缺乏统一标准，开发人员保密意识薄弱，测试方案不完善等，也会给机关单位网络安全埋下"定时炸弹"（图7-5-2）。

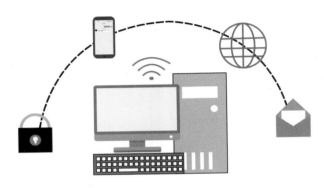

图 7-5-2 软硬件设备泄密隐患

7.5.3 内部人为泄密隐患

机关单位若管理不规范，工作人员网络安全知识匮乏，保密意识不强，可能会出现误操作，如将涉密计算机连接互联网，甚至还会出现恶意窃密等违法现象（图7-5-3）。

图 7-5-3 内部人为泄密隐患

7.5.4　外部攻击泄密隐患

随着国际形势日趋复杂多变，我国面临的外部网络攻击愈发严重，无时无刻不影响着个人、企业乃至国家的网络安全。常见的信息窃密方式有电磁辐射窃密、U盘和木马窃密以及侧信道攻击窃密等（图7-5-4）。

图 7-5-4　U 盘带有木马病毒

7.6 | 网络运营者

网络运营者是指网络的所有者、管理者和网络服务提供者（图7-6-1）。

图 7-6-1　网络运营者

7.7 │ 网络数据

网络数据是指通过网络收集、存储、传输、处理和产生的各种电子数据（图7-7-1）。

扫一扫

看动画视频

图 7-7-1　网络数据

7.8 │ 个人信息

个人信息是指以电子或者其他方式记录的能够单独或者与其他信息结合识别自然人个人身份的各种信息，包括但不限于自然人的姓名、出生日期、身份证件号码、个人生物识别信息、住址、电话号码等（图7-8-1）。

图 7-8-1　个人信息泄露

第8章
《中华人民共和国网络安全法》的背景

8.1 │ 保障网络安全

为了保障网络安全，维护网络空间主权和国家安全、社会公共利益，保护公民、法人和其他组织的合法权益，促进经济社会信息化健康发展，特制定《中华人民共和国网络安全法》（图8-1-1）。

（a）保护公民合法权益

图 8-1-1

扫一扫

看动画视频

（b）促进经济社会信息化健康发展

图 8-1-1　保障网络安全

8.2 │ 坚持网络安全与信息化发展

　　国家坚持网络安全与信息化发展并重，遵循积极利用、科学发展、依法管理、确保安全的方针，推进网络基础设施建设和互联互通，鼓励网络技术创新和应用，支持培养网络安全人才，建立健全网络安全保障体系，提高网络安全保护能力（图8-2-1）。

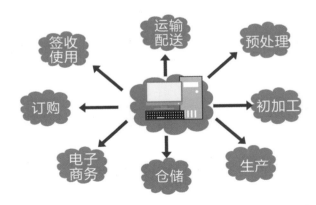

（a）信息化发展

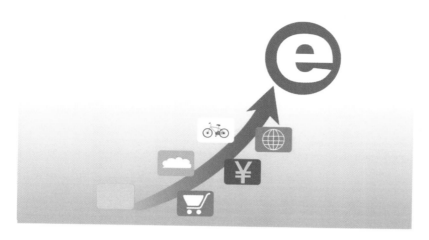

（b）网络技术创新和应用

（c）推进网络基础设施建设和互联互通

图 8-2-1 坚持网络安全与信息化发展

8.3 | 制定网络安全战略

国家制定并不断完善网络安全战略，明确保障网络安全的基本要求和主要目标，提出重点领域的网络安全政策、工作任务和措施（图8-3-1）。

图 8-3-1 制定网络安全战略

8.4 境内外的网络安全风险和威胁

国家采取措施，监测、防御、处置来源于中华人民共和国境内外的网络安全风险和威胁，保护关键信息基础设施免受攻击、侵入、干扰和破坏，依法惩治网络违法犯罪活动，维护网络空间安全和秩序（图8-4-1）。

图 8-4-1 维护网络空间安全和秩序

8.5 | 健康文明的网络行为

国家倡导诚实守信、健康文明的网络行为，推动传播社会主义核心价值观，采取措施提高全社会的网络安全意识和水平，形成全社会共同参与和促进网络安全的良好环境（图8-5-1）。

扫一扫

看动画视频

图 8-5-1 健康文明的网络行为

8.6 | 建立网络治理体系

国家积极开展网络空间治理、网络技术研发和标准制定、打击网络违法犯罪等方面的国际交流与合作，推动构建和平、安全、开放、合作的网络空间，建立多边、民主、透明的网络治理体系（图8-6-1）。

（a）开展网络空间治理

图 8-6-1

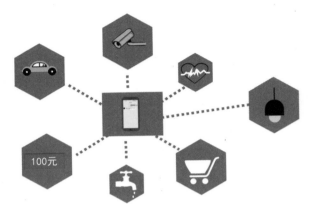

（b）网络技术研发

（c）打击网络违法犯罪

图 8-6-1　建立网络治理体系

8.7 │ 网络安全监督管理工作

　　国家网信部门负责统筹协调网络安全工作和相关监督管理工作。国务院电信主管部门、公安部门和其他有关机关依照《网络安全法》和有关法律、行政法规的规定，在各自职责范围内负责网络安全保护和监督管理工作（图8-7-1）。

县级以上地方人民政府有关部门的网络安全保护和监督管理职责，按照国家有关规定确定。

（a）统筹协调网络安全工作

（b）相关监督管理工作

图 8-7-1 统筹协调网络安全工作和相关监督管理工作

8.8 | 网络运营者的义务

　　网络运营者开展经营和服务活动，必须遵守法律、行政法规，尊重社会公德，遵守商业道德，诚实守信，履行网络安全保护义务，接受政府和社会的监督，承担社会责任（图8-8-1）。

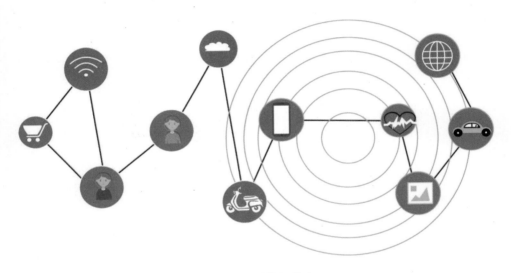

图 8-8-1　网络运营者

8.9 | 网络者运营的责任

　　建设、运营网络或者通过网络提供服务，应当依照法律、行政法规的规定和国家标准的强制性要求，采取技术措施和其他必要措施，保障网络安全、稳定运行，有效应对网络安全事件，防范网络违法犯罪活动，维护网络数据的完整性、保密性和可用性（图8-9-1）。

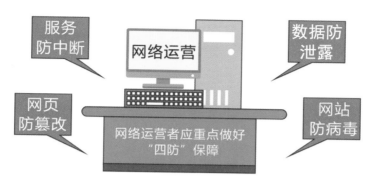

图 8-9-1　保障网络安全、稳定运行

8.10 | 网络相关行业组织的要求

网络相关行业组织按照章程，加强行业自律，制定网络安全行为规范，指导会员加强网络安全保护，提高网络安全保护水平，促进行业健康发展（图 8-10-1）。

图 8-10-1　行业自律

8.11 | 依法保护使用网络的权利

国家保护公民、法人和其他组织依法使用网络的权利，促进网络接入普及（图8-11-1），提升网络服务水平，为社会提供安全、便利的网络服务，保障网络信息依法有序自由流动。

图 8-11-1　使用网络

任何个人和组织使用网络都应当遵守宪法和法律，遵守公共秩序，尊重社会公德，不得危害网络安全，不得利用网络从事危害国家安全、荣誉和利益，煽动颠覆国家政权、推翻社会主义制度，煽动分裂国家、破坏国家统一，宣扬恐怖主义、极端主义，宣扬民族仇恨、民族歧视，传播暴力、淫秽色情信息，编造、传播虚假信息扰乱经济秩序和社会秩序，以及侵害他人名誉、隐私、知识产权和其他合法权益等活动（图8-11-2）。

图 8-11-2 不得利用网络从事危害国家安全等活动

8.12 | 保护未成年人

国家支持研究开发有利于未成年人健康成长的网络产品和服务，依法惩治利用网络从事危害未成年人身心健康的活动，为未成年人提供安全、健康的网络环境（图8-12-1）。

图 8-12-1 保护未成年人

8.13 | 保护举报人的合法权益

任何个人和组织都有权对危害网络安全的行为向网信、电信、公安等部门举报（图8-13-1）。收到举报的部门应当及时依法做出处理；不属于本部门职责的，应当及时移送有权处理的部门。

有关部门应当对举报人的相关信息予以保密，保护举报人的合法权益（图8-13-2）。

图 8-13-1　对危害网络安全的
行为进行举报

图 8-13-2　保护举报人的合法权益

第9章
网络安全与网络产业发展

9.1 | 建立和完善网络安全标准体系

　　国家建立和完善网络安全标准体系。国务院标准化行政主管部门和国务院其他有关部门根据各自的职责，组织制定并适时修订有关网络安全管理以及网络产品、服务和运行安全的国家标准、行业标准（图9-1-1）。

（a）国家标准

图 9-1-1

（b）行业标准

图 9-1-1 国家建立和完善网络安全标准体系

国家支持企业、研究机构、高等学校、网络相关行业组织参与网络安全国家标准、行业标准的制定（图9-1-2）。

（a）企业参与标准的制定

（b）研究机构、高等学校参与标准的制定

（c）自媒体行业参与标准的制定

图 9-1-2　参与标准的制定

9.2 | 扶持重点网络安全技术产业和项目

　　国务院和省、自治区、直辖市人民政府应当统筹规划，加大投入，扶持重点网络安全技术产业和项目，支持网络安全技术的研究开发和应用，推广安全可信的网络产品和服务，保护网络技术知识产权，支持企业、研究机构和高等学校等参与国家网络安全技术创新项目（图9-2-1）。

（a）推广安全可信的网络产品和服务

（b）保护网络技术知识产权

（c）支持网络安全技术的研究开发和应用

图 9-2-1　扶持重点网络安全技术产业和项目

9.3 │ 推进网络安全社会化服务体系建设

国家推进网络安全社会化服务体系建设，鼓励有关企业、机构开展网络安全认证、检测和风险评估等安全服务（图9-3-1）。

（a）网络安全认证

图 9-3-1

（b）风险评估

图 9-3-1　推进网络安全社会化服务体系建设

9.4 │ 鼓励开发网络数据安全保护和利用技术

　　国家鼓励开发网络数据安全保护和利用技术，促进公共数据资源开放，推动技术创新和经济社会发展（图9-4-1）。

图 9-4-1　公共数据资源开放

国家支持创新网络安全管理方式,运用网络新技术,提升网络安全保护水平(图9-4-2)。

图 9-4-2 提升网络安全保护水平

9.5 | 网络安全宣传教育

各级人民政府及其有关部门应当组织开展经常性的网络安全宣传教育,并指导、督促有关单位做好网络安全宣传教育工作(图9-5-1)。

维护网络安全人人有责

图 9-5-1 网络安全宣传教育

大众传播媒介应当有针对性地面向社会进行网络安全宣传教育（图9-5-2）。

图 9-5-2　大众传播媒介宣传网络安全教育

9.6 | 培养网络安全人才

国家支持企业和高等学校、职业学校等教育培训机构开展网络安全相关教育与培训，采取多种方式培养网络安全人才，促进网络安全人才交流（图9-6-1）。

（a）企业开展网络安全相关教育与培训

（b）职业学校开展网络安全相关教育与培训

（c）网络安全人才

图 9-6-1 培养网络安全人才

第10章
网络运行安全

10.1 | 一般规定

10.1.1 国家实行网络安全等级保护制度

网络运营者应当按照网络安全等级保护制度的要求，履行下列安全保护义务，保障网络免受干扰、破坏或者未经授权的访问，防止网络数据泄露或者被窃取、篡改（图10-1-1）：

图 10-1-1　防止网络数据泄露

❶ 制定内部安全管理制度和操作规程，确定网络安全负责人，落实网络安全保护责任（图10-1-2）；

图 10-1-2 网络安全负责人

❷ 采取防范计算机病毒和网络攻击、网络侵入等危害网络安全行为的技术措施（图10-1-3）；

（a）防范计算机病毒和网络攻击

图 10-1-3

（b）网络侵入

图 10-1-3　危害网络安全行为

❸ 采取监测、记录网络运行状态、网络安全事件的技术措施，并按照规定留存相关的网络日志不少于六个月（图10-1-4）；

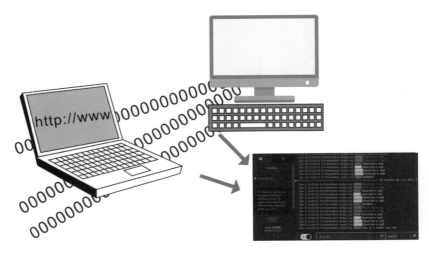

图 10-1-4　网络日志

❹ 采取数据分类、重要数据备份和加密等措施（图 10-1-5 ）；

图 10-1-5　重要数据备份

❺ 法律、行政法规规定的其他义务。

10.1.2　网络产品、服务应当符合相关国家标准的强制性要求

❶ 网络产品、服务的提供者不得设置恶意程序；发现其网络产品、服务存在安全缺陷、漏洞等风险时，应当立即采取补救措施，按照规定及时告知用户并向有关主管部门报告（图 10-1-6 ）。

图 10-1-6　查处放任不管的网络服务行为

❷ 网络产品、服务的提供者应当为其产品、服务持续提供安全维护；在规定或者当事人约定的期限内，不得终止提供安全维护（图10-1-7）。

图 10-1-7　提供安全维护

❸ 网络产品、服务具有收集用户信息功能的，其提供者应当向用户明示并取得同意（图10-1-8）。

图 10-1-8　收集用户信息

❹ 涉及用户个人信息的，还应当遵守《中华人民共和国网络安全法》和有关法律、行政法规关于个人信息保护的规定（图10-1-9）。

图 10-1-9　对个人信息保护

10.1.3　合格的网络关键设备及产品

网络关键设备和网络安全专用产品应当按照相关国家标准的强制性要求，由具备资格的机构安全认证合格或者安全检测符合要求后，方可销售或者提供（图10-1-10）。

（a）合格的服务器

图 10-1-10

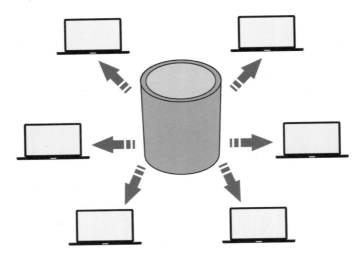

（b）网络安全专用产品的使用

图 10-1-10　合格的网络关键设备

国家网信部门会同国务院有关部门制定、公布网络关键设备和网络安全专用产品目录，并推动安全认证和安全检测结果互认，避免重复认证、检测（图 10-1-11 ）。

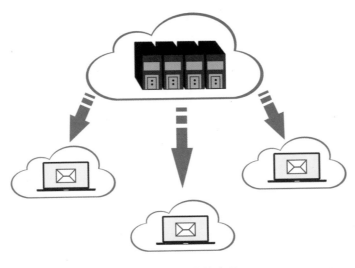

图 10-1-11　合格产品

10.1.4　核实用户的信息

❶ 网络运营者为用户办理网络接入、域名注册服务，办理固定电话、移动电话等入网手续，或者为用户提供信息发布、即时通信等服务，在与用户签订协议或者确认提供服务时，应当要求用户提供真实身份信息。用户不提供真实身份信息的，网络运营者不得为其提供相关服务（图10-1-12）。

（a）域名注册服务

（b）办理固定电话

图 10-1-12

（c）移动电话入网

（d）核实真实身份信息

图 10-1-12 网络运营者的责任

❷ 国家实施网络可信身份战略，支持研究开发安全、方便的电子身份认证技术，推动不同电子身份认证之间的互认（图10-1-13）。

图 10-1-13　电子身份认证

10.1.5　网络运营者应当制定网络安全事件应急预案

网络运营者应当制定网络安全事件应急预案，及时处置系统漏洞、计算机病毒、网络攻击、网络侵入等安全风险（图10-1-14）。

（a）及时处置系统漏洞

图 10-1-14

（b）计算机病毒

（c）网络攻击

（d）网络侵入盗取账号密码

图 10-1-14　网络运营者应当制定网络安全事件应急预案

在发生危害网络安全的事件时，立即启动应急预案，采取相应的补救措施，并按照规定向有关主管部门报告（图10-1-15）。

（a）启动应急预案

（b）采取相应的补救措施

图 10-1-15　发生危害网络安全事件的应对方法

10.1.6　网络安全认证、检测、风险评估

开展网络安全认证、检测、风险评估等活动，向社会发布系统漏洞、计算机病毒、网络攻击、网络侵入等网络安全信息，应当遵守国家有关规定（图10-1-16）。

图 10-1-16　开展网络安全认证、检测、风险评估

10.1.7　依法正确使用网络

任何个人和组织都不得从事非法侵入他人网络、干扰他人网络正常功能、窃取网络数据（图 10-1-17）等危害网络安全的活动。

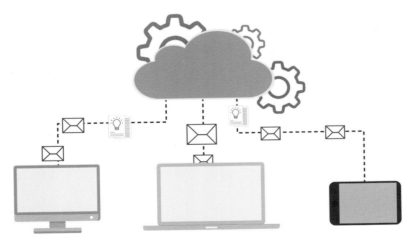

图 10-1-17　窃取网络数据

不得提供专门用于从事网络侵入、干扰网络正常功能及防护措施、窃取网络数据等危害网络安全活动的程序、工具（图10-1-18）。

图 10-1-18　窃取个人数据的软件

明知他人从事危害网络安全活动的，不得为其提供技术支持、广告推广（图10-1-19）、支付结算等帮助。

图 10-1-19　广告推广

10.1.8　网络运营者提供技术支持与协助的义务

网络运营者应当为公安机关、国家安全机关依法维护国家安全和侦查犯罪的活动提供技术支持及协助（图10-1-20）。

图 10-1-20　提供技术支持和协助

10.1.9　提高网络运营者的安全保障能力

国家支持网络运营者之间在网络安全信息收集、分析、通报和应急处置等方面进行合作，提高网络运营者的安全保障能力（图10-1-21）。

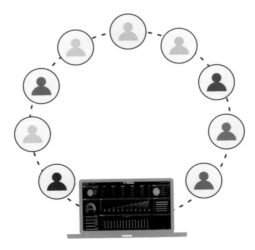

图 10-1-21　网络运营者之间的联系

有关行业组织建立健全本行业的网络安全保护规范和协作机制，加强对网络安全风险的分析评估，定期向会员进行风险警示（图10-1-22），支持、协助会员应对网络安全风险。

图 10-1-22　定期向会员进行风险警示

10.1.10　网信部门有保密的义务

网信部门和有关部门在履行网络安全保护职责中获取的信息，只能用于维护网络安全的需要，不得用于其他用途（图10-1-23）。

不随意在涉密计算机
上安装从互联网上下
载的软件

图 10-1-23　网信部门有保密义务

10.2 | 关键信息基础设施的运行安全

10.2.1 重点保护的行业

国家对公共通信和信息服务、能源、交通、水利、金融、公共服务、电子政务等重要行业和领域，以及其他一旦遭到破坏、丧失功能或者数据泄露（图10-2-1），可能严重危害国家安全、国计民生、公共利益的关键信息基础设施，在网络安全等级保护制度的基础上，实行重点保护。关键信息基础设施的具体范围和安全保护办法由国务院制定。

图 10-2-1　数据泄露

国家鼓励关键信息基础设施以外的网络运营者自愿参与关键信息基础设施保护体系（图10-2-2）。

图 10-2-2　讨论关键信息基础设施保护体系

10.2.2　关键信息基础设施运行安全保护工作

按照国务院规定的职责分工，负责关键信息基础设施安全保护工作的部门分别编制并组织实施本行业、本领域的关键信息基础设施安全规划，指导和监督关键信息基础设施运行安全保护工作（图10-2-3）。

图 10-2-3　指导和监督关键信息基础设施运行安全保护工作

10.2.3 建设关键信息基础设施的基础保障

建设关键信息基础设施应当确保其具有支持业务稳定、持续运行的性能，并保证安全技术措施同步规划、同步建设、同步使用。

10.2.4 关键信息基础设施的运营者的义务

关键信息基础设施的运营者应当履行下列安全保护义务：

❶ 设置专门安全管理机构和安全管理负责人，并对该负责人和关键岗位的人员进行安全背景审查（图10-2-4）；

图 10-2-4 对该负责人和关键岗位的人员进行安全背景审查

❷ 定期对从业人员进行网络安全教育、技术培训和技能考核（图10-2-5）；

图 10-2-5 定期对从业人员进行网络安全教育、技术培训和技能考核

❸ 对重要系统和数据库进行容灾备份（图 10-2-6）；

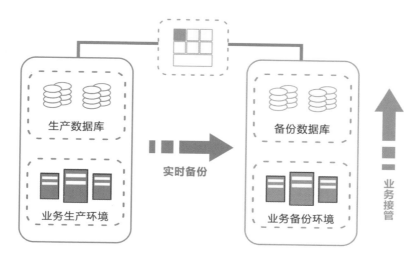

图 10-2-6　对重要系统和数据库进行容灾备份

❹ 制定网络安全事件应急预案（图 10-2-7），并定期进行演练；

图 10-2-7　应急预案

❺ 法律、行政法规规定的其他义务。

10.2.5　安全审查的网络产品和服务

关键信息基础设施的运营者采购网络产品和服务，可能影响国家安全的，应当通过国家网信部门会同国务院有关部门组织的国家安全审查（图10-2-8）。

图 10-2-8　经过安全审查的网络产品和服务

10.2.6　安全保密协议

关键信息基础设施的运营者采购网络产品和服务，应当按照规定与提供者签订安全保密协议（图10-2-9），明确安全和保密义务与责任。

图 10-2-9　签订安全保密协议

10.2.7　个人信息和重要数据的存储

关键信息基础设施的运营者在中华人民共和国境内运营中收集和产生的个人信息及重要数据应当在境内存储（图10-2-10）。因业务需要，确需向境外提供的，应当按照国家网信部门会同国务院有关部门制定的办法进行安全评估；法律、行政法规另有规定的，依照其规定执行。

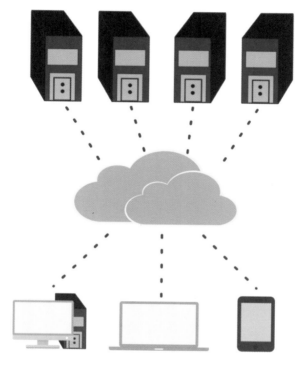

图 10-2-10　个人信息和重要数据的存储

10.2.8　定期检查网络的安全性

关键信息基础设施的运营者应当自行或者委托网络安全服务机构对其网络的安全性和可能存在的风险每年至少进行一次检测评估，并将检测评估情况和改进措施报送相关负责关键信息基础设施安全保护工作的部门（图10-2-11）。

图 10-2-11 评估情况报送

10.2.9 安全保护的措施

国家网信部门应当统筹协调有关部门对关键信息基础设施的安全保护采取下列措施：

❶ 对关键信息基础设施的安全风险进行抽查检测，提出改进措施，必要时可以委托网络安全服务机构对网络存在的安全风险进行检测评估（图 10-2-12）；

图 10-2-12 对关键信息基础设施的安全风险进行抽查检测

❷ 定期组织关键信息基础设施的运营者进行网络安全应急演练，提高应对网络安全事件的水平和协同配合能力（图10-2-13）；

图 10-2-13　提高应对网络安全事件的水平和协同配合能力

❸ 促进有关部门、关键信息基础设施的运营者以及有关研究机构、网络安全服务机构等之间的网络安全信息共享（图10-2-14）；

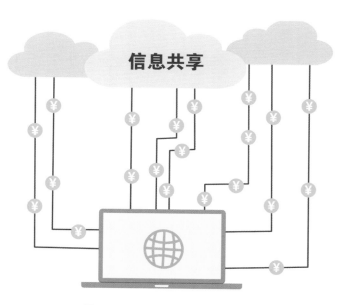

图 10-2-14　网络安全信息共享

❹ 对网络安全事件的应急处置与网络功能的恢复等，提供技术支持和协助（图10-2-15）。

图 10-2-15　提供技术支持和协助

第11章
网络信息安全

11.1 │ 网络运营者的合法工作范围

❶ 网络运营者应当对其收集的用户信息严格保密，并建立健全用户信息保护制度（图11-1-1）。

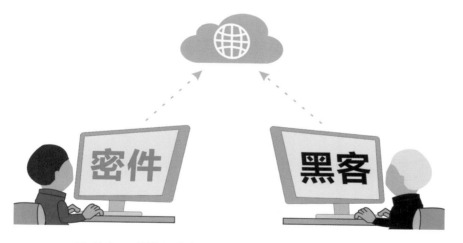

图 11-1-1　网络运营者应当对其收集的用户信息严格保密

❷ 网络运营者收集、使用个人信息，应当遵循合法、正当、必要的原则，公开收集、使用规则，明示收集、使用信息的目的、方式和范围，并经被收集者同意（图11-1-2）。

（a）收集个人信息

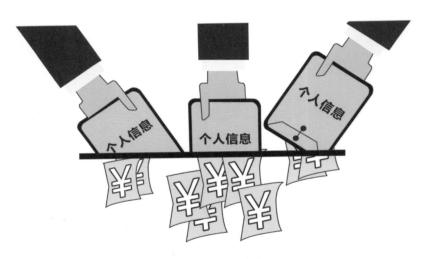

（b）使用个人信息

图 11-1-2　网络运营者需合法收集、使用个人信息

网络运营者不得收集与其提供的服务无关的个人信息，不得违反法律、行政法规的规定和双方的约定收集、使用个人信息，并应当依照法律、行政法规的规定和与用户的约定，处理其保存的个人信息（图 11-1-3）。

（a）不得收集与其提供的服务无关的个人信息

（b）不得非法销售个人信息

图 11-1-3 网络运营者不得违法收集、使用个人信息

网络运营者不得泄露、篡改、毁损其收集的个人信息；未经被收集者同意，不得向他人提供个人信息。但是，经过处理无法识别特定个人且不能复原的除外（图11-1-4）。

（a）网络运营者不得泄露个人信息

（b）网络运营者不得向他人提供个人信息

图 11-1-4 网络运营者不得泄露和向他人提供其收集的个人信息

　　网络运营者应当采取技术措施和其他必要措施，确保其收集的个人信息安全，防止信息泄露、毁损、丢失（图11-1-5）。在发生或者可能发生个人信息泄露、毁损、丢失的情况下，应当立即采取补救措施，按照规定及时告知用户并向有关主管部门报告。

图 11-1-5　防止信息泄露、毁损、丢失

11.2 │ 网络运营者对个人信息准确性负责

个人发现网络运营者违反法律、行政法规的规定或者双方的约定收集、使用其个人信息的，有权要求网络运营者删除其个人信息（图11-2-1）。

图 11-2-1　有权要求网络运营者删除其个人信息

发现网络运营者收集、存储的其个人信息有错误的，有权要求网络运营者予以更正（图11-2-2）。网络运营者应当采取措施予以删除或者更正。

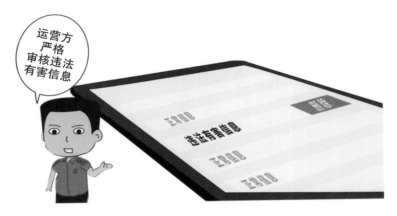

图 11-2-2　有权要求网络运营者予以更正

11.3 │ 个人和组织依法使用个人信息

任何个人和组织不得窃取或者以其他非法方式获取个人信息，不得非法出售或者非法向他人提供个人信息（图11-3-1）。

图 11-3-1　任何个人和组织不得窃取个人信息

11.4 | 国家机关需对个人信息保密

依法负有网络安全监督管理职责的部门及其工作人员，必须对在履行职责中知悉的个人信息、隐私和商业秘密严格保密，不得泄露、出售或者非法向他人提供（图11-4-1）。

图 11-4-1 对个人信息、商业秘密保密

11.5 | 任何个人和组织都应当对其使用网络的行为负责

任何个人和组织都应当对其使用网络的行为负责，不得设立用于实施诈骗，传授犯罪方法，制作或者销售违禁物品、管制物品等违法犯罪活动的网站、通信群组，不得利用网络发布涉及实施诈骗，制作或者销售违禁物品、管制物品以及其他违法犯罪活动的信息（图11-5-1）。

（a）禁止在网上传播犯罪方法

（b）禁止在网上销售违禁物品

（c）禁止在网上销售管制物品

图 11-5-1　任何个人和组织都应当对其使用网络的行为负责

11.6 | 加强对用户发布的信息的管理

　　网络运营者应当加强对其用户发布的信息的管理，发现法律、行政法规禁止发布或者传输的信息的，应当立即停止传输该信息，采取消除等处置措施，防止信息扩散，保存有关记录，并向有关主管部门报告（图11-6-1）。

图 11-6-1　加强对用户发布的信息的管理

11.7 | 合法使用应用软件

　　❶ 任何个人和组织发送的电子信息、提供的应用软件，不得设置恶意程序（图11-7-1），不得含有法律、行政法规禁止发布或者传输的信息。

图 11-7-1　不得设置恶意程序

❷ 电子信息发送服务提供者和应用软件下载服务提供者，应当履行安全管理义务，知道其用户有本节第❶条规定行为的，应当停止提供服务（图 11-7-2），采取消除等处置措施，保存有关记录，并向有关主管部门报告。

图 11-7-2　停止提供服务

11.8 | 网络运营者安全投诉、举报制度

　　网络运营者应当建立网络信息安全投诉、举报制度，公布投诉、举报方式等信息，及时受理并处理有关网络信息安全的投诉和举报（图11-8-1）。

图 11-8-1　网络信息安全投诉

　　网络运营者对网信部门和有关部门依法实施的监督检查，应当予以配合（图11-8-2）。

图 11-8-2　监督检查

11.9 │ 网信部门和有关部门有安全监督管理职责

　　国家网信部门和有关部门依法履行网络信息安全监督管理职责，发现法律、行政法规禁止发布或者传输的信息的，应当要求网络运营者停止传输，采取消除等处置措施，保存有关记录；对来源于中华人民共和国境外的上述信息，应当通知有关机构采取技术措施和其他必要措施，阻断传播（图11-9-1）。

图 11-9-1　要求网络运营者停止传输违禁信息

第12章
监测预警与应急处置

12.1 | 国家建立网络安全监测预警和信息通报制度

　　国家网信部门应当统筹协调有关部门加强网络安全信息收集、分析和通报工作，按照规定统一发布网络安全监测预警信息（图12-1-1）。

安全云大数据平台

通报预警

安全专家　黑市监控　威胁情报　广泛合作
大数据人工智能+威胁情报库　云响应中心

2. 全面掌控 精准定位

本地安全团队

主管单位人员

监管单位

通报预警平台页面

1. 外部视角
持续评估
实时监测

3. 通报预警

- 实时安全事件监测
- 安全风险评估监测
- 权威通报下属单位
- 精准定位安全风险

被监管单位
运维人员

- 应急处理
- 风险修复
- 风险问题接收

图 12-1-1　国家建立网络安全监测预警和信息通报制度

12.2 | 建立行业监测预警和信息通报制度

负责关键信息基础设施安全保护工作的部门，应当建立健全本行业、本领域的网络安全监测预警和信息通报制度，并按照规定报送网络安全监测预警信息（图 12-2-1）。

图 12-2-1 建立行业监测预警和信息通报制度

12.3 | 建立健全网络安全风险评估和应急工作机制

国家网信部门协调有关部门建立健全网络安全风险评估和应急工作机制，制定网络安全事件应急预案，并定期组织演练（图 12-3-1）。

负责关键信息基础设施安全保护工作的部门应当制定本行业、本领域的网络安全事件应急预案，并定期组织演练。

网络安全事件应急预案应当按照事件发生后的危害程度、影响范围等因素对网络安全事件进行分级，并规定相应的应急处置措施。

图 12-3-1　制定网络安全事件应急预案

12.4 | 网络安全事件的风险

　　网络安全事件发生的风险增大时，省级以上人民政府有关部门应当按照规定的权限和程序，并根据网络安全风险的特点和可能造成的危害，采取下列措施：

　　❶ 要求有关部门、机构和人员及时收集、报告有关信息（图 12-4-1），加强对网络安全风险的监测；

图 12-4-1　报告有关信息

❷ 组织有关部门、机构和专业人员，对网络安全风险信息进行分析评估，预测事件发生的可能性、影响范围和危害程度（图12-4-2）；

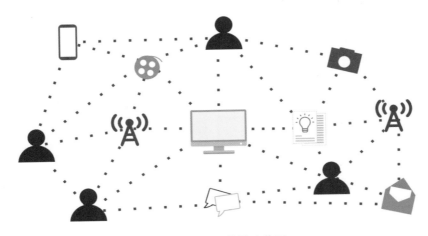

图 12-4-2 网络影响范围

❸ 向社会发布网络安全风险预警（图12-4-3），发布避免、减轻危害的措施。

图 12-4-3 向社会发布网络安全风险预警

12.5 | 网络安全事件的处理

发生网络安全事件，应当立即启动网络安全事件应急预案，对网络安全事件进行调查和评估，要求网络运营者采取技术措施和其他必要措施，消除安全隐患，防止危害扩大，并及时向社会发布与公众有关的警示信息（图12-5-1）。

图 12-5-1　产生网络安全隐患

因网络安全事件，发生突发事件或者生产安全事故的，应当依照《中华人民共和国突发事件应对法》《中华人民共和国安全生产法》等有关法律、行政法规的规定处置（图12-5-2）。

图 12-5-2　依法对网络安全事件进行处理

12.6 | 有关部门对网络安全的监督

省级以上人民政府有关部门在履行网络安全监督管理职责中，发现网络存在较大安全风险或者发生安全事件的，可以按照规定的权限和程序对该网络运营者的法定代表人或者主要负责人进行约谈（图12-6-1）。网络运营者应当按照要求采取措施，进行整改，消除隐患。

图 12-6-1　对网络运营者的法定代表人或者主要负责人进行约谈

12.7 | 对重大突发社会安全事件的处理

因维护国家安全和社会公共秩序，处置重大突发社会安全事件的需要，经国务院决定或者批准，可以在特定区域对网络通信采取限制等临时措施（图12-7-1）。

图 12-7-1　对重大突发社会安全事件的处理

第13章
违反《中华人民共和国网络安全法》需承担的法律责任

13.1 │ 网络运营者不履行网络安全保护义务

网络运营者不履行本书10.1.1、10.1.5小节规定的网络安全保护义务的，由有关主管部门责令改正，给予警告（图13-1-1）。

拒不履行网络安全保护义务

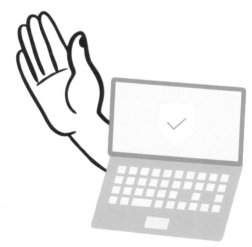

图 13-1-1　网络运营者不履行网络安全保护义务

拒不改正或者导致危害网络安全等后果的（图13-1-2），处一万元以上十万元以下罚款，对直接负责的主管人员处五千元以上五万元以下罚款。

图 13-1-2　导致危害网络安全等后果

关键信息基础设施的运营者不履行本书10.2.3、10.2.4、10.2.6、10.2.8小节规定的网络安全保护义务的（图13-1-3），由有关主管部门责令改正，给予警告；拒不改正或者导致危害网络安全等后果的，处十万元以上一百万元以下罚款，对直接负责的主管人员处一万元以上十万元以下罚款。

图 13-1-3　不履行网络安全保护义务导致数据泄漏

13.2 | 网络产品、服务不符合相关国家标准的强制性要求

违反本书10.1.2小节第❶条、第❷条和11.7节第❶条规定，有下列行为之一的，由有关主管部门责令改正，给予警告；拒不改正或者导致危害网络安全等后果的，处五万元以上五十万元以下罚款，对直接负责的主管人员处一万元以上十万元以下罚款：

❶ 设置恶意程序的（图13-2-1）；

图 13-2-1 设置恶意程序

❷ 对其产品、服务存在的安全缺陷、漏洞等风险未立即采取补救措施，或者未按照规定及时告知用户并向有关主管部门报告的（图13-2-2）；

图 13-2-2 网络存在漏洞

❸ 擅自终止为其产品、服务提供安全维护的（图13-2-3）。

图 13-2-3 擅自终止为其产品、服务提供安全维护

13.3 | 未要求用户提供真实身份信息

　　网络运营者违反本书10.1.4小节第❶条规定，未要求用户提供真实身份信息，或者对不提供真实身份信息的用户提供相关服务的（图13-3-1），由有关主管部门责令改正；拒不改正或者情节严重的，处五万元以上五十万元以下罚款，并可以由有关主管部门责令暂停相关业务、停业整顿、关闭网站、吊销相关业务许可证或者吊销营业执照，对直接负责的主管人员和其他直接责任人员处一万元以上十万元以下罚款。

（a）未要求用户提供真实身份信息

（b）不提供真实身份信息的用户

图 13-3-1　未要求用户提供真实身份信息

13.4 | 向社会发布系统漏洞、计算机病毒

　　违反本书10.1.6小节规定，开展网络安全认证、检测、风险评估等活动，或者向社会发布系统漏洞、计算机病毒、网络攻击、网络侵入等网络安全信息的（图13-4-1），由有关主管部门责令改正，给予警告；拒不改正或者情节严重的，处一万元以上十万元以下罚款，并可以由有关主管部门责令暂停相关业务、停业整顿、关闭网站、吊销相关业务许可证或者吊销营业执照，对直接负责的主管人员和其他直接责任人员处五千元以上五万元以下罚款。

（a）向社会发布计算机病毒

（b）网络侵入

图 13-4-1　违反网络安全法

13.5 从事危害网络安全的活动

违反本书10.1.7小节规定，从事危害网络安全的活动，或者提供专门用于从事危害网络安全活动的程序、工具，或者为他人从事危害网络安全的活动提供技术支持、广告推广、支付结算等帮助，尚不构成犯罪的，由公安机关没收违法所得，处五日以下拘留，可以并处五万元以上五十万元以下罚款；情节较重的，处五日以上十五日以下拘留，可以并处十万元以上一百万元以下罚款。

单位有以上行为的，由公安机关没收违法所得，处十万元以上一百万元以下罚款，并对直接负责的主管人员和其他直接责任人员依照前款规定处罚。

违反本书10.1.7小节规定，受到治安管理处罚的人员，五年内不得从事网络安全管理和网络运营关键岗位的工作；受到刑事处罚的人员，终身不得从事网络安全管理和网络运营关键岗位的工作（图13-5-1）。

图 13-5-1　从事危害网络安全的活动

13.6 │ 侵害个人信息

　　网络运营者、网络产品或者服务的提供者违反本书10.1.2小节第
❸条、11.1节和11.2节规定，侵害个人信息依法得到保护的权利的
（图13-6-1），由有关主管部门责令改正，可以根据情节单处或者并处警
告、没收违法所得、处违法所得一倍以上十倍以下罚款，没有违法所得
的，处一百万元以下罚款，对直接负责的主管人员和其他直接责任人员
处一万元以上十万元以下罚款；情节严重的，并可以责令暂停相关业务、
停业整顿、关闭网站、吊销相关业务许可证或者吊销营业执照。

图 13-6-1　网络运营者侵害个人信息

　　违反《网络安全法》规定，窃取或者以其他非法方式获取、非法出
售或者非法向他人提供个人信息（图13-6-2），尚不构成犯罪的，由公安
机关没收违法所得，并处违法所得一倍以上十倍以下罚款，没有违法所
得的，处一百万元以下罚款。

图 13-6-2　非法出售个人信息

13.7 使用未经安全审查或者安全审查未通过的网络产品或者服务

　　关键信息基础设施的运营者违反本书10.2.5小节规定，使用未经安全审查或者安全审查未通过的网络产品或者服务的（图13-7-1），由有关主管部门责令停止使用，处采购金额一倍以上十倍以下罚款；对直接负责的主管人员和其他直接责任人员处一万元以上十万元以下罚款。

图 13-7-1　使用未经安全审查的应用软件

13.8 境外存储网络数据或者向境外提供网络数据

　　关键信息基础设施的运营者违反本书10.2.7小节规定，在境外存储网络数据，或者向境外提供网络数据的（图13-8-1），由有关主管部门责令改正，给予警告，没收违法所得，处五万元以上五十万元以下罚款，

并可以责令暂停相关业务、停业整顿、关闭网站、吊销相关业务许可证
或者吊销营业执照；对直接负责的主管人员和其他直接责任人员处一万
元以上十万元以下罚款。

图 13-8-1 境外存储网络数据

13.9 | 建立违法犯罪活动的网站、通信群组

　　违反本书11.5节规定，设立用于实施违法犯罪活动的网站、通信群
组（图13-9-1），或者利用网络发布涉及实施违法犯罪活动的信息，尚不
构成犯罪的，由公安机关处五日以下拘留，可以并处一万元以上十万元
以下罚款；情节较重的，处五日以上十五日以下拘留，可以并处五万元
以上五十万元以下罚款。关闭用于实施违法犯罪活动的网站、通信群组。
　　单位有以上行为的，由公安机关处十万元以上五十万元以下罚款，
并对直接负责的主管人员和其他直接责任人员依照前款规定处罚。

图 13-9-1 建立违法犯罪的通信群组

13.10 | 发布或者传输法律、行政法规禁止的信息

网络运营者违反本书11.6节规定，对法律、行政法规禁止发布或者传输的信息未停止传输、采取消除等处置措施、保存有关记录的（图13-10-1），由有关主管部门责令改正，给予警告，没收违法所得；拒不改正或者情节严重的，处十万元以上五十万元以下罚款，并可以责令暂停相关业务、停业整顿、关闭网站、吊销相关业务许可证或者吊销营业执照，对直接负责的主管人员和其他直接责任人员处一万元以上十万元以下罚款。

图 13-10-1 发布或者传输法律、行政法规禁止的信息

电子信息发送服务提供者、应用软件下载服务提供者，不履行本书 11.7节第❷条规定的安全管理义务的，依照前款规定处罚。

13.11 | 网络运营者违法行为

网络运营者违反《网络安全法》规定，有下列行为之一的，由有关主管部门责令改正，拒不改正或者情节严重的，处五万元以上五十万元以下罚款，对直接负责的主管人员和其他直接责任人员，处一万元以上十万元以下罚款：

❶ 不按照有关部门的要求对法律、行政法规禁止发布或者传输的信息采取停止传输、消除等处置措施的（图13-11-11）；

图 13-11-1　不按要求作出停止传输信息处置措施

❷ 拒绝、阻碍有关部门依法实施监督检查的（图13-11-12）；

图 13-11-2　拒绝有关部门依法实施监督检查

❸ 拒不向公安机关、国家安全机关提供技术支持和协助的（图13-11-3）。

图 13-11-3　拒不向公安机关、国家安全机关提供技术支持和协助

13.12 | 国家机关政务网络的运营者不履行网络安全保护义务

国家机关政务网络的运营者不履行《网络安全法》规定的网络安全保护义务的（图13-12-1），由其上级机关或者有关机关责令改正；对直接负责的主管人员和其他直接责任人员依法给予处分。

图 13-12-1　国家机关政务网络的运营者不履行网络安全保护义务

13.13 | 网信部门和有关部门违反保密制度

网信部门和有关部门违反本书10.1.10小节规定，将在履行网络安全保护职责中获取的信息用于其他用途的，对直接负责的主管人员和其他直接责任人员依法给予处分。

网信部门和有关部门的工作人员玩忽职守、滥用职权、徇私舞弊，尚不构成犯罪的，依法给予处分（图13-13-1）。

图 13-13-1　工作人员玩忽职守、滥用职权

13.14 | 违反《中华人民共和国网络安全法》规定造成其他伤害的

违反《中华人民共和国网络安全法》规定，给他人造成损害的，依法承担民事责任。

违反《中华人民共和国网络安全法》规定，构成违反治安管理行为的，依法给予治安管理处罚；构成犯罪的，依法追究刑事责任（图13-14-1）。

图 13-14-1　依法承担相关责任

13.15 | 危害中华人民共和国关键信息基础设施的活动

　　境外的机构、组织、个人从事攻击、侵入、干扰、破坏等危害中华人民共和国的关键信息基础设施的活动，造成严重后果的，依法追究法律责任；国务院公安部门和有关部门可以决定对该机构、组织、个人采取冻结财产或者其他必要的制裁措施（图13-15-1）。

图 13-15-1　境外黑客入侵